समर्पित...

संत-कवि तुलसीदास जी
और हमारे प्यारे
बजरंग बली को!

दोहा

श्री गुरु चरण सरोज रज
गुरु के चरण कमल की धूल से
निज मनु मुकुर सुधारि।
अपने मन के दर्पण को साफ करके

बरनउं रघुबर बिमल जसु
श्री राम के यश का गुन गान करें
जो दायकु फल चारि।।
जो चार फल देता है:
धर्म, अर्थ, काम और मोक्ष
(धर्म, धन, प्रेम और मुक्ति)

धर्म
अर्थ
काम
मोक्ष

बुद्धिहीन तनु जानिके
मैं मूर्ख

सुमिरौं पवन कुमार।
पवन पुत्र हनुमान को याद करता हूँ।

बल बुद्धि विद्या देहु मोहि
मुझे बल बुद्धि और विद्या दो

हरहु कलेश बिकार।।
और मेरे दुखों का नाश करो।

बुद्धि
बल
विद्या

1.

जय हनुमान ज्ञान गुण सागर।

जय हनुमान, ज्ञान और गुण के सागर

जय कपीस तिहुं लोक उजागर।

जय वानर राज, तीन लोक में आपका

बोल बाला है।

2.

राम दूत अतुलित बलधामा।

आप राम जी के दूत, सबसे बलवान

अंजनी पुत्र पवन सुत नामा।

अंजनी मां और पवन देव के पुत्र हो

3.

महावीर विक्रम बजरंगी

सबसे वीर, बलवान, हीरे जैसे मज़बूत शरीर वाले

कुमति निवार सुमति के संगी।

जो बुरी सोच का नाश और अच्छी सोच

का साथ देते हैं।

4.

कंचन बरन बिराज सुबेसा

सोने जैसा रंग, सुंदर वस्त्र

कानन कुण्डल कुंचित केसा।

कान में बाली और घुघराले बाल

5.

हाथ वज्र और ध्वजा विराजे

वज्र जैसे हाथों में झंडा

कांधे मूंज जनेऊ साजै।

और कंधे पर जनेऊ सजा है।

ध्वजा विराजे
कुंचित केस
कानन कुण्डल
कंचन वरन
जनेऊ साजी
बिराज
सुबेसा

6.
शंकर सुवन केसरीनंदन
शंकर के अवतार, राजा केसरी के पुत्र

तेज प्रताप महा जग बंदन।
आपके तेज और साहस को जग पूजता है।

7.
विद्यावान गुणी अति चातुर
आप विद्या, गुण और चतुरता का भनडार हो

राम काज करिबे को आतुर
और राम जी का काम करने को सदा तैयार हो।

8.

प्रंभु चरित्र सुनिबे को रसिया

आपको राम जी की कथाएँ बहुत प्रिय हैं

राम लखन सीता मन बसिया।

आप राम, लक्ष्मण और सीता माँ के मन

में बसते हो।

सूक्ष्म रूप धरि सियहिं दिखावा
आपने सीता माँ को अपना सहज रूप दिखाया

बिकट रूप धरि लंक जरावा
और भयंकर रूप लेकर लंका को जलाया

10.

भीम रूप धरि असुर सँहारे

विशाल रूप करके आपने असुरों का अंत किया

रामचन्द्र के काज संवारे।

और राम जी के काम आए।

11.

लाय सजीवन लखन जियाये

आपने संजीवनी बूटी लाकर लक्ष्मण को बचाया

श्री रघुवीर हरषि उर लाये

राम जी ने खुशी से आपको गले लगा लिया।

12.
रघुपति कीन्ही बहुत बडाई
राम जी ने आपकी प्रशंसा की

तुम मम प्रिय भरत सम भाई
और कहा कि तुम मेरे भाई भरत जैसे हो।

13.
सहस बदन तुम्हरो जस गावैं
हज़ारों लोग तुम्हारा गुण-गान गाएंगे

अस कहि श्रीपति कंठ लगावैं।
यह कहके राम जी ने आपको गले लगाया।

14.

सनकादिक ब्रह्मादि मुनीसा

सनका जैसे मुनि और ब्रह्मा जी

नारद, सारद सहित अहीसा।

नारद मुनि, सरस्वती माँ और शेषनाग

15.

जम कुबेर दिकपाल जहां ते

यमराज, कुबेर जैसे दिशाओं के रक्षक
नहीं जानते की आप कहाँ हैं

कबि कोबिद कहि सके कहां ते

तो एक कवि क्या जानें कि आप कहाँ हैं।

?
?
?
?
?
???
ब्रह्मा
शारदा
नारद
यम
कुबेर

16.

तुम उपकार सुग्रीवहि कीन्हा
आपने सुग्रीव पर उपकार किया

राम मिलाय राजपद दीन्हा।
राम जी की कृपा से वह राजा बने

17.

तुम्हरो मंत्र विभीषण माना
विभीषण ने आपका कहा माना

लंकेस्वर भए सब जग जाना।
और पूरे जग में लंका के राजा कहलाए

सुग्रीव
विभीषण

18.

जुग सहस्त्र जोजन पर भानू

लील्यो ताहि मधुर फल जानू

19.

प्रभु मुद्रिका मेलि मुख माहि

आप प्रभु राम की अंगूठी मुंह में रखकर

जलधि लांघि गये अचरज नाहीं।

समुद्र को लांघ गए, इसमें कोई आश्चर्य नहीं।

20.

दुर्गम काज जगत के जेते

संसार के जितने भी कठिन काम हैं

सुगम अनुग्रह तुम्हरे तेते

आपकी कृपा से सहज हो जाते हैं

21.

राम दुआरे तुम रखवारे

आप राम जी के द्वार के रक्षक हैं

होत न आज्ञा बिनु पैसारे

आपकी आज्ञा के बिना कोई भी

अंदर नहीं आ सकता ।

22.
सब सुख लहै तुम्हारी सरना
आपकी शरण में सब सुख हैं

तुम रक्षक काहू को डरना
आप रक्षक है, तो किसी का डर नहीं।

23.
आपन तेज सम्हारो आपै
केवल आप ही अपना तेज सँभाल सकते हैं

तीनों लोक हांक तें कांपै
आपके गर्जने से तीनों लोक कांप जाते है।

24.

भूत पिशाच निकट नहिं आवै
भूत प्रेत कभी पास नहीं आते

महावीर जब नाम सुनावै।
महावीर का नाम सुनकर

25.

नासै रोग हरै सब पीरा
सब रोग और पीड़ा मिट जाती है।

जपत निरंतर हनुमत बीरा।
वीर हनुमान के नाम का जाप करके।

26.

संकट तें हनुमान छुडावै

हनुमान जी सभी कष्टों से मुक्त करते हैं

मन क्रम बचन ध्यान जो लावैं।

जो मन, करम और बोल में

आपको याद करते हैं।

27.

सब पर राम तपस्वी राजा

तपस्वी राजा राम सबसे महान हैं

तिनके काज सकल तुम साजा।

और आप उनके भी सब काम पूरे कर लेते हो।

28.

और मनोरथ जो कोइ लावै

अगर आप के पास कोई इच्छा लेकर आए

सोई अमित जीवन फल पावै

आप उन को जीवन भर के लिए पूरा देते हो।

29.

चारों जुग परताप तुम्हारा

चारो युगों में आपका यश फैला हुआ है

है परसिद्ध जगत उजियारा

जो पूरे जग को रोशन करता है।

30.

साधु संत के तुम रखवारे

आप साधु संतों की रक्षा करते है

असुर निकंदन राम दुलारे

हे राम दुलारे! आप दुष्टों का नाश करते है।

31.

अष्ट सिद्धि नौ निधि के दाता

आपके पास आठ शक्तियाँ और नौ ख़ज़ाने हैं

अस वर दीन जानकी माता।

जो आपको सीता माँ से वरदान में मिले हैं

32.

राम रसायन तुम्हरे पासा

आपके पास राम भक्ति का रस है

सदा रहो रघुपति के दासा।

और आप सदा उनकी सेवा में हैं

33.
तुम्हरे भजन राम को पावै
आप के भजन से हम राम जी को पाते हैं

जनम जनम के दुख बिसरावै
और जन्म जन्मांतर के दुख दूर हो जाते है।

34.
अंत काल रघुबर पुर जाई
अंत समय जो राम जी के धाम जाते है

जहां जन्म हरि भगत कहाई।
वो हर जन्म राम भक्त कहलाते हैं

35.

और देवता चित न धरई
और किसी देवता की ज़रूरत नहीं रहती

हनुमत सेई सर्व सुख करई।
हनुमान जी ही सब सुख दे देते हैं

36.

संकट कटै मिटै सब पीरा
उनके संकट और कष्ट मिट जाते हैं ।

जो सुमिरै हनुमत बलबीरा।
जो हनुमान जी को याद करते हैं

37.

जय जय जय हनुमान गोसाईं

आपकी जय हो! इंद्रीयों के स्वामी

कृपा करहु गुरु देव की नाईं।

आप मुझ पर गुरु की तरह कृपा करें

38.

जो सत बार पाठ कर कोई

जो हनुमान चालीसा का सात बार पाठ करेगा

छूटहिं बंदि महा सुख होई।

वो सभी बंधनों से छूट जाएगा

39.

जो यह पढैं हनुमान चालीसा

जो रोज़ हनुमान चालीसा को पढेगा

होय सिद्धि साखी गौरीसा।

वो सिद्धि को पाएगा,

इस के साक्षी भगवान शिव हैं ।

हनुमान चालीसा

40.

तुलसीदास सदा हरि चेरा
कवि तुलसीदास सदा ही राम जी के भक्त है

कीजै नाथ हृदय मंह डेरा।
इसलिए आप उनके दिल में रहें।

दोहा

पवन तनय संकट हरन
हे संकट मोचन पवन कुमार

मंगल मूरति रूप
आप अच्छाई की मूरत हैं।

राम लखन सीता सहित
आप राम, लक्ष्मण और सीता के साथ

हृदय बसहु सूरभूप।
सदा मेरे दिल में बसे रहें।

सिया-वर रामचंद्र
की
जय

उमा-पति महादेव
की
जय

पवन-सुत हनुमान
की
जय